Gewohnheiten ändern und Selbstdisziplin aufbauen

Wie Sie in 6 Schritten alte Gewohnheiten durch neue ersetzen und mit kleinen Veränderungen Großes erreichen

Thomas Reuter

INHALT

Das erwartet Sie in diesem Buch

Ab 1. Januar trinke ich nur noch Wasser, mache achtmal die Woche Sport und lege mir nebenbei eine komplett neue Identität zu!

Wer kennt sie nicht, die guten alten Neujahrsvorsätze? Wie oft nehmen Sie sich etwas vor und stolpern dann immer wieder über die gleichen Hindernisse?

Menschen tendieren dazu, sich zu viel aufzuhalsen, und schnell endet ein guter Vorsatz, eine

Änderung einer Gewohnheit oder eine Neuausrichtung des Lebensstils in Frust und Ärger oder Demotivation. Schneller als wir denken können, fallen wir zurück in alte Muster und assoziieren mit der alten Gewohnheit dann direkt auch noch unser Scheitern. Dabei sind es oft nur Rädchen, an denen es zu drehen gilt, um ein neues Verhaltensmuster zu etablieren. Und wie so oft ist die Wiederholung der Schlüssel zum Glück.

Mit diesem kleinen Ratgeber erhalten Sie einen 5-Schritte-Plan, wie Sie eine Gewohnheit nachhaltig ändern können. Sie haben hiermit eine praktische Anleitung zur Hand, mit der Sie außerdem auf alle Eventualitäten im Änderungsprozess vorbereitet werden. In diesem Ratgeber verschaffen wir Ihnen einen Überblick über das ganze Thema Gewohnheiten. Wir schauen tiefer in den ganzheitlichen Prozess: vom initialen Wunsch zur Änderung einer Gewohnheit über aktuelle Studien zum Thema bis hin zur Umsetzung und Integration in den Alltag.

Wir werden uns ansehen, warum sich Verhaltensweisen und Gewohnheiten überhaupt in unserem Leben breit machen und wofür sie da sind. Außerdem werfen wir einen Blick auf bestimmte

Vorgänge im Gehirn, die Ihnen helfen können, den ganzen Ablauf besser zu verstehen. So wird es einfacher, dass Sie nicht zu hart mich sich ins Gericht gehen, sollte etwas nicht nach Plan laufen. Wenn Sie verstehen, wieso Ihr Körper und Geist auf Veränderungen so reagieren, wie sie reagieren, wird es Ihnen leichter fallen, am Ball zu bleiben. Es lohnt sich also, hier einen Zettel und Stift zur Hand zu haben, damit Sie sich ein paar Notizen machen können. Gehen Sie hier auch gern etwas mit Ihrer Intuition.

Notieren Sie sich, wenn Sie ein Punkt besonders anspricht oder Sie sich mit etwas gut identifizieren können. Es wird Ihnen im weiteren Verlauf helfen, Ihr eigenes Verhalten und Ihre eigenen Handlungen etwas besser zu verstehen und in der Folge neue Gewohnheiten aufzubauen und nachhaltig in Ihr Leben zu integrieren.

Gewohnheiten verstehen

WAS SIND GEWOHNHEITEN UND WOFÜR BENÖTIGEN WIR SIE?

Woran denken Sie bei dem Wort „Gewohnheit"? Ist es für Sie ein Wort mit positiver Assoziation oder bringen Sie damit etwas Negatives in Verbindung? Welche Erfahrungen haben Sie mit Ihren eigenen Gewohnheiten schon gemacht? Welchen Vorteil sehen Sie darin, welche zu besitzen? Und woran denken Sie, scheitert es, wenn Sie eine alte Gewohnheit loswerden wollen, um sie durch eine neue zu ersetzen?

Viele verbinden mit dem Wort „Gewohnheit" ungewollte Handlungen im Alltag. Oft wird das ganze Thema auch mit Langeweile in Verbindung gebracht oder mit etwas, dass man ohnehin schon lange einmal ändern wollte und doch noch immer daran festhängt. Gewohnheiten hört man oft inmitten des Satzes: „Ach, das ist so eine blöde Gewohnheit von mir", oder „Ich bin so festgefahren mit meinen Gewohnheiten". Es macht sich außerdem auch ein bisschen das Gefühl breit, dass Gewohnheiten mit fortschreitendem Alter wichtiger und üblicher werden. „Das mache ich immer so", und „ich komme ganz aus dem Konzept, wenn ich plötzlich alles anders mache" – beobachtet man Menschen im höheren Alter, sind sie geradezu abhängig von ihren Gewohnheiten und Ritualen, die den ganzen Tag über stattfinden. All diese Punkte sind legitim, hilfreich und notwendig in bestimmten Situationen. Jedoch lohnt es sich, noch einmal etwas genauer hinzusehen und sich das Thema einmal objektiv zu zerlegen.

Fragt man den Duden nach der Bedeutung des Wortes Gewohnheit, so erhält man das Ergebnis: „Durch häufige und stete Wiederholung selbstverständlich gewordene Handlung, Haltung, Eigenheit; etwas oft nur noch mechanisch oder unbewusst Ausgeführtes".

Gewohnheiten sind also, salopp gesagt, alles das, was auf Autopilot läuft. Das ist an sich praktisch, weil sich unser Gehirn damit einiges an Arbeit spart. Es wäre vermutlich unglaublich anstrengend, wenn wir über all das, was automatisch abläuft, aktiv nachdenken müssten, um in Aktion zu kommen. Wenn Sie Auto fahren, denken Sie nicht wirklich darüber nach, wann Sie in den nächsten Gang schalten oder wann Sie Bremsen müssen, richtig? Es ist eine Gewohnheit. Wer morgens aufsteht, putzt in der Regel Zähne, weil er einen unguten Geschmack im Mund hat und er diesen Geschmack mit Zähneputzen in Verbindung bringt.

Gewohnheiten sind also für unseren Organismus grundsätzlich eine sehr positive Funktion. Aus biologischer Sicht tut unser Körper automatisch immer nur das, wofür er nicht viel Energie aufbringen muss. Damit haben wir seit jeher einiges an Kalorienverbrauch eingespart, um so unser Überleben zu sichern. Denkt man zum Beispiel an das Militär, kann eine Gewohnheit auch heute noch das Überleben sichern.

Wer im Militär ausgebildet ist, weiß, dass Gewohnheiten und Routine das A und O sind. Hier lernen Auszubildende, wie man schnell und routiniert Waffen zusammenbaut, um sie im Ernstfall im Nu nutzen zu können. All die automatischen Abläufe, die zu ändern uns oft so schwerfallen, schenken unserem Gehirn eine kleine Verschnaufpause. Ein Knoppers® für den Kopf, sozusagen. Nun haben sich seit der menschlichen Existenz die Anforderungen zu überleben maßgeblich geändert. Wir müssen nicht mehr vor einem Säbelzahntiger davonlaufen und auch nicht mehr täglich Beeren sammeln, damit wir Essen auf dem Tisch haben. In vielerlei Hinsicht ist unser Leben unkomplizierter und praktischer geworden, aber die Grundstruktur des Gehirns ist gleichgeblieben. So finden wir uns in einer Situation wieder, in der Gewohnheiten, Rituale und Routinen unser Leben nach wie vor erleichtern wollen, jedoch kann sich das in einigen Bereichen auch mal kontraproduktiv auswirken.

Denken wir zum Beispiel an das Thema Essen, so steht der tatsächliche Energieverbrauch oft nicht mehr im Verhältnis zur Energiezufuhr – wir werden dicker. Sicher kennen Sie auch die Situation, dass Sie auf Ihrer To-do-Liste gefühlt 100 Dinge stehen haben, aber Netflix und der Fernseher rufen nach dem

Abendessen ganz laut. Manchmal kann es auch eine kleine Gewohnheit sein, die wir verändern wollen, wie zum Beispiel drei tiefe Atemzüge zu nehmen, wenn wir uns in einem stressigen Moment überfordert fühlen, oder einfach einmal weniger aufs Handy zu sehen.

Auch diese Gewohnheiten sind grundsätzlich da, um Energie zu sparen, aber sie können uns auf lange Sicht auch Energie abzapfen, wenn wir wieder und wieder versuchen, sie zu ändern und es nicht gelingt. Wenn wir mit einer bestimmten Gewohnheit eine große Unzufriedenheit in Verbindung bringen, kann uns das förmlich Energie kosten. Wir denken zu viel darüber nach und verschwenden wertvolle Kapazitäten, um uns im Kreis zu drehen.

Eine Gewohnheit ist jedoch trotz allem immer noch eine aktive Aktion. Selbst wenn Sie unbewusst ausgeführt wird oder auf Autopilot läuft, so haben wir es jedoch immer noch mit einer Handlung zu tun. Und jeder Handlung geht ein Auslöser voraus. Beim Zähneputzen z. B. ist es der ungute Geschmack im Mund, der uns dann ins Badezimmer laufen lässt.

Ist die Zahnbürste mal in der Hand, folgt sogleich die nächste Gewohnheit, Zahnpasta draufzugeben und so weiter und so fort. Eine ganze Morgenroutine kann im Sinne aneinander gereihter Gewohnheiten ablaufen, ohne dass wir uns permanent aktiv überlegen müssen, was der nächste Schritt ist. Wenn wir an das Autofahren denken, kann es beim Herunterschalten die unbewusste Beachtung der Motordrehzahl und Geschwindigkeit sein, die eine Aktion einleitet, oder vielleicht ist es sogar nur das Motorgeräusch, das sich verändert.

So ist es wichtig zu wissen, dass Sie sich bewusst werden müssen, welcher Auslöser der Gewohnheit vorausgeht, die Sie ändern möchten. Wir wollen lernen, genau hinzusehen, wann eine bestimmte Handlung aufgefordert wird zu entstehen, und was der Handlung den Impuls gibt zu entstehen. Angenommen, Sie möchten aufhören zu rauchen, werden Sie sich zunächst bewusst über all die Situationen, in denen Sie den Impuls verspüren, eine Zigarette zu rauchen. Greifen Sie zur Zigarette, wenn Sie gestresst sind oder wenn Sie einen stressreichen Moment hatten? Eventuell immer dann, wenn Sie gerade einen Kaffee trinken, oder in Gesellschaft, wenn Sie den Rauch anderer riechen? Wenn wir aufmerksam sind, können wir innerhalb kurzer Zeit all die Impulse aufdecken und von hier weitergehen. Haben wir die Auslöser erst einmal erkannt, folgt im Anschluss daran dann direkt die Handlung. Die Sache, die Sie gern ändern wollen oder auch die etablierte „Gewohnheit".

Sie rauchen eine Zigarette, essen einen Schokoladenriegel oder setzen sich vor den Fernseher. Aber warum tun wir das überhaupt, wenn wir uns – rational gesehen – sehr klar darüber sind, dass wir von der Gewohnheit nicht viel halten? Genau! Weil sich unser Körper beim letzten Mal gemerkt hat, was dann passiert, wenn eine bestimmte Gewohnheit ausgeübt wird. Es folgt nämlich ein kurzes „High"! Unser Gehirn bekommt den Belohnungskick.

Ein Neurotransmitter namens „Dopamin" wird (unter anderem) vom Gehirn ausgeschüttet und signalisiert unserem Körper „Aaaah, das war gut. Davon wollen wir mehr." Wir werden die gleiche Handlung also bei gleichem Auslöser wiederholen, um noch mehr zu bekommen. So passiert in der nächsten (ähnlichen) Situation die gleiche Abfolge. Wieder und wieder. Dabei spielt die Anzahl der Wiederholungen eine große Rolle. Umso öfter wir etwas wiederholen, umso mehr gewöhnen sich unser Körper und unser Geist an ein bestimmtes Schema. Und umso öfter wir etwas wiederholen, umso leichter fällt es uns, eine Aktion zu wiederholen, ohne bewusst darüber nachzudenken. Unser Gehirn ist zwar nach wie vor eines der am wenigsten erforschten Teile unseres Körpers, dennoch werden wir uns im weiteren Kapitel noch ansehen, was wir schon wissen und wie es unsere Handlungen beeinflusst, um Gewohnheiten in unser Leben zu integrieren.

Sie können sich jedoch an dieser Stelle schon einmal guten Gewissens auf die Schulter klopfen, denn wenn Sie eine Gewohnheit haben (egal, ob sie denken, dass sie positiv oder negativ ist), wissen Sie jetzt schon, dass Ihr Gehirn in der Lage ist, bestimmte Substanzen zu produzieren, die im weiteren Verlauf und Leben ziemlich wichtig sind, um bestimmte Verhaltensmuster zu durchbrechen und dann wiederum neue aufzubauen. Eine Gewohnheit ist also eine positive Sache für uns. Es kommt, wie so oft, nur auf den Blickwinkel an. Und darauf, ein klein bisschen geballtes Wissen über einen ganz natürlichen Prozess unseres Körpers zu haben.

FORSCHUNGSERGEBNISSE ZUM THEMA GEWOHNHEITEN

Lassen wir die Katze direkt aus dem Sack. Denn, wenn es darum geht, Gewohnheiten zu ändern und eine neue zu planen, wollen wir alle die gleiche Sache wissen. Wie lange dauert es, bis Sie den Schokoladenriegel automatisch durch den Apfel ersetzen? Das Ganze lässt sich leider nicht pauschal beantworten, aber man kann Studien zum Thema finden. Um eine Gewohnheit zu ändern, brauchen wir im Durchschnitt 66 Tage. Die Zahl an sich ist immer noch sehr biegsam, denn es handelt sich um eine Durchschnittszahl.

Einige Teilnehmer der Studie haben bedeutend länger gebraucht, um eine neue Gewohnheit zu integrieren, es gab aber ebenso Teilnehmer, die sich weniger lange damit aufgehalten haben. Um exakt zu sein, die Studienteilnehmer brauchten zwischen 18 und 254 Tagen. Dies hat eine Londoner Studie aus 2009 vom University College, durchgeführt von Philippa Lally und ihrem Team, ergeben. Die Studie hat 96 Teilnehmer umfasst, die über einen Zeitraum von 12 Wochen beim Implementieren einer neuen Gewohnheit beobachtet wurden. Nun muss man an der

Stelle dazu erwähnen, dass die Veränderungsdauer auch stark abhängt von der Art, der Wichtigkeit und des Alters einer Gewohnheit. Eine kleine Gewohnheit, wie den Müll direkt hinauszubringen und nicht erst vor die Tür zu stellen, lässt sich sicherlich schneller etablieren als die Entwöhnung des täglich mehrfachen und jahrelangen Rauchens.

Weiteren Schätzungen zufolge durch David T. Neal von der Duke University in North Carolina bestehen bis zu 45 % unseres täglichen Handels aus Gewohnheiten, also aus automatischen Abläufen. Das ist schon ordentlich, wenn man sich das einmal vor Augen führt. Aber gleichzeitig ist es auch eine hoffnungsvolle Realität. Überlegen Sie einmal! Sie wollen von den 45 % nur einen kleinen Bruchteil verändern, das relativiert unser Vorhaben doch schon etwas.

Der Biologe und Hirnforscher Gerhard Roth hat es wie folgt formuliert. „Der Erwerb von Gewohnheiten ist eine Art operante oder instrumentelle Konditionierung", also positives oder negatives Verstärkungslernen. Die meisten Gewohnheiten gehen auf das mehrfache Wiederholen anfänglich bewusst durchgeführter Handlungen zurück, die eine positive Konsequenz hatten oder halfen, negative Konsequenzen zu vermeiden, und dann zur Routine wurden. Andere Gewohnheiten und auch sogenannte Marotten bilden sich aus, ohne dass uns dies überhaupt bewusst ist. Demzufolge spielt anfänglich unser Bewusstsein, oder bewusste Handlungen, eine Rolle. Wichtig zu erwähnen ist, dass dem eine positive Konsequenz folgt (unsere Belohnung) oder eine negative Folge ausbleibt. Wiederholt sich dies immer und immer wieder haben wir eine Routine und die bewussten Handlungen werden erst weniger bewusst, und dann auf Autopilot durchgeführt.

Studien belegen außerdem, dass ausformulierende Sätze, sogenannte Implementierungsintentionen, helfen können. Das heißt, wenn Sie sich eine Wenn-dann-Struktur zum Ändern einer Gewohnheit formulieren, ist Ihre Chance, die Änderung herbeizuführen, höher. Ein kleines Beispiel: Sie wollen sich angewöhnen, mehr Wasser zu trinken, über den ganzen Tag verteilt. Eine Implementierungsintention könnte dann lauten: "Wenn ich nach der Arbeit mit dem Auto zu Hause ankomme, gehe ich immer in die Küche und trinke ein großes Glas Wasser."

Denn wenn Ort, Zeit und Event miteinander

verknüpft sind, ist es wahrscheinlicher, dass wir die Handlung auch durchführen. Probieren Sie es mit einer kleinen Gewohnheit aus, die eventuell gar nicht auf Ihrem Plan steht, die aber leicht umzusetzen ist. Sie werden sehen, wie sich innerhalb von etwa 12 Wochen ein Automatismus einstellt.

NEUROLOGISCHE VORGÄNGE IM GEHIRN UND DER ABLAUF EINER GEWOHNHEIT

Wissenschaftler auf der ganzen Welt sind sich einig: Unser Organ, das Gehirn, ist eines der am wenigsten erforschten Bereiche unseres Körpers. Schätzungen zufolge hat jeder Mensch ca. 60.000 Gedanken pro Tag. Wie vorangegangen bereits erwähnt, sind bis zu 45 % unseres täglichen Handels Gewohnheiten.

Ich denke, Sie können sich vorstellen, was für eine Ansammlung an Vorgängen das ist, und Sie sind sicher auch erstaunt, wie selten man sich seiner Gedanken und Handlungen tatsächlich bewusst ist. Wer denkt schon 60.000-mal am Tag „Ah ja, da hatte ich gerade schon wieder einen Gedanken über X". Wir würden zu nichts kommen.

Für unser Thema mit den Gewohnheiten gibt es

in unserem Gehirn ein Areal, das nennt sich „Basalganglien". Und genau dieser Bereich ist dafür verantwortlich, dass wir nicht permanent überlegen müssen, was zu tun ist, wenn wir innerhalb unserer Gewohnheiten handeln. Diese Basalganglien machen es uns etwas schwerer, eine Gewohnheit zu ändern, denn wir können nicht auf sie zugreifen. Wir können Ihnen nicht sagen „Hallo, liebe Basalganglien.

Ich habe die neue Absicht, morgens nach dem Aufstehen 5 Minuten zu meditieren. Kannst du das täglich für mich einrichten? Danke!" Das wäre zwar wahnsinnig schön und unkompliziert, aber leider ist der Bereich, in dem die Ganglien sitzen, für unseren bewussten Teil des Lebens nicht direkt zugänglich. Man weiß aber mittlerweile, dass dieser Bereich unseres Gehirns im Kindesalter besonders aktiv und motiviert ist, dass wir uns Verhaltensweisen und Gewohnheiten aneignen. Glaubenssätze und Gewohnheiten also, die wir haben, seit wir klein sind, sind daher besonders schwer zu revidieren. Aber die gute Nachricht ist, dass es nicht unmöglich ist. Die Basalganglien brauchen bloß etwas mehr Überredungskunst in Form permanenter Wiederholung.

Dann werden sie sich auch daran anpassen, dass wir mit dem Geruch und Geschmack unseres ersten Kaffees nicht direkt eine Zigarette rauchen wollen. Und mit dem Wissen, dass diese kleinen Arbeiter in unserem Kopf grundsätzlich nur unser Bestes wollen und dass sie uns in unserer Kindheit geholfen haben, dürfen Sie sich etwas entspannen. Ihr Körper ist immer auf Ihrer Seite.

Es wird hilfreich sein, wenn wir noch einen genaueren Blick auf den Ablauf in unserem Kopf zum Thema Gewohnheiten werfen. Die Prozesse beim Durchlaufen einer Gewohnheit lassen sich in drei große Teilbereiche unterteilen:

1. den Auslöser

2. die Routine (die Handlung) und

3. die Belohnung.

Zu den Auslösern, die uns eine Gewohnheit durchführen lassen, lässt sich so einiges erklären: Zunächst einmal stellen sich einige Fragen, wozu Auslöser überhaupt da sind. Wieso erhalten wir den Impuls, eine Gewohnheit durchzuführen? Wodurch verspüren wir den Drang, ins Handeln zu kommen? Warum bleiben wir nicht einfach in unserem alten

Zustand, sondern wollen plötzlich eine gewohnte Aktion durchführen? Und lässt sich ein Auslöser für immer „ausschalten", nachdem man ihn identifiziert hat?

Auslöser werden in der Psychologie auch gern „Trigger" genannt. Wenn uns etwas „triggert", wollen wir in eine Aktion kommen, eine Gewohnheit ausüben, um dann darauffolgend eine Belohnung zu erhalten. Die Auslöser können unterschiedlicher Natur sein und sind manchmal gar nicht so leicht aufzudecken. Oft können Sie jedoch einen Auslöser an bestimmten Dingen festmachen. Einige Trigger verknüpfen wir mit einer bestimmten Emotion. Eine Emotion wiederum kann sich im Geist oder im Körper bemerkbar machen.

Beides ist für das Gehirn eine Aufforderung, eine erlernte Gewohnheit auszuführen. Ein kleines Beispiel am Gefühl „Stress": Verspüren Sie Stress, kann sich das mental äußern, indem unsere Gedanken Achterbahn fahren und viel zu viel „da oben" los ist. Wir merken, wie sich eine Stresswelle auf den Weg macht, und wir wissen instinktiv auch schon, wenn Stress kurz bevorsteht. Überforderung ist nicht selten ein Resultat davon. Wer richtig gut ist, kann

Stress identifizieren, bevor er sich in einem körperlichen Symptom bemerkbar macht.

Breitet sich Stress unbemerkt aus, was manchmal ziemlich schnell gehen kann, äußert er sich über physische Merkmale. Diese sind von Menschen zu Menschen variabel, jedoch bemerken die meisten eine ähnliche Symptomatik. Schwitzende Hände, eine ansteigende oder erhöhte Herzfrequenz, ein unruhiges Gefühl in der oberen Bauchgegend, manchmal sogar Schwindel können akute Anzeichen einer stressvollen Situation sein. Wenn Sie diese körperlichen Veränderungen bemerken, ist zumeist auch schon ein primäres Stresshormon namens „Cortisol" auf dem Weg durch Ihren Körper. Das Hormon wird automatisch in der Nebennierenrinde produziert, um Ihren Körper mit mehr Energie zu versorgen. Denn, wie Sie wissen, ist Ihr Körper schlau und immer für Sie. Er weiß, es wird stressig, vermutlich schon, bevor Sie es selbst realisieren.

Cortisol kann zudem konzentrationsfördernd sein und kurzfristig auch leistungsfähiger machen. Während all das in Ihrem Körper ohne Ihr besonderes Zutun abläuft, werden auch die alten Freunde, die Basalganglien, aktiviert. Denn Sie vermelden:

„Cortisol wird produziert, wir kennen Cortisol! Wir machen mit! Und wir wissen, wenn Cortisol ausgeschüttet wird, folgt eine immer gleiche Aktion".

Im weiteren Verlauf können Sie sich selbst beobachten, wie Sie eine bestimmte Gewohnheit passend zu diesem Moment durchführen. So wird zum Beispiel eine Autofahrt zu einem Termin, die plötzlich von einem Verkehrsstau auf der Autobahn verzögert wird, zu einer Stresssituation.

Ihr Körper reagiert auf Stress mit Cortisol, die Basalganglien mischen mit und geben Ihnen den Impuls, einen Keks zu essen, denn Kekse (oder vielmehr der Zucker / der Insulinanstieg im Blut mit all seinen hormonellen Folgen) waren in der Vergangenheit eine gute Lösung für Stress. Und da sitzen Sie nun fest, im Auto, mitten im Stau zur Rushhour, essen einen Keks, führen eine Wiederholung einer Gewohnheit durch und bestätigen unbewusst Ihre Basalganglien in ihrer Existenz und ihrer Arbeit.

Auslöser sind aber nicht nur Emotionen. So können auch bestimmte Orte oder Zeiten unsere Gewohnheiten anstiften. Denken Sie nur zum Beispiel an die Couch, die in Ihrem Wohnzimmer steht. Wer sich in der Regel auf die Couch setzt und direkt zur

Fernbedienung greift, wird in den meisten Fällen auch den Fernseher anmachen. Sich auf die Couch zu setzten und erst einmal 5 Minuten den Raum zu beobachten, wäre eine ganz neue Gewohnheit, die man sich erarbeiten müsste. Eine typische Gewohnheit, die zeitlich orientiert ist, ist der morgendliche Kaffee.

Für viele Menschen ist es ein Ritual, morgens nach dem Aufstehen einen Kaffee zuzubereiten. Hier kann eine bestimmte Tageszeit allein ein Auslöser sein. Das kann eine bestimmte Uhrzeit sein oder ein Zeitraum, wie zum Beispiel Sonnenaufgang oder der Puffer zwischen dem Aufstehen und Zur-Arbeit-Fahren. Es braucht also oft nicht viel für Ihr Unterbewusstsein, sich einzuschalten und eine Gewohnheit auszuüben. Die Sonne geht jeden Tag auf. Ob wir mit unserer Kaffee-Gewohnheit einverstanden sind, interessiert unseren wärmenden Planeten wenig.

Bestimmte Personen können ebenfalls ein Trigger für ein bestimmtes Verhalten sein. Wenn ein Mitarbeiter im Büro den Chef auf sich zukommen sieht, setzt er sich automatisch aufrecht hin und sieht beschäftigt auf den Bildschirm. Das passiert schon, bevor er darüber nachdenken kann, ob er etwas verbrochen hat oder ob sein Vorgesetzter eventuell auch bloß auf ein Schwätzchen vorbeischaut. Es ist eine Gewohnheit und genauso hätte sich der gleiche Mitarbeiter angewöhnen können, den Boss im ersten Impuls anzulächeln, wenn er ihn sieht. Wie Sie also sehen können, gibt es vielerlei unterschiedliche Trigger, die unsere Gewohnheiten auslösen. Die Möglichkeiten sind endlos und doch führen sie alle zu dem gleichen Ergebnis: Wir machen von einer Gewohnheit Gebrauch und das führt uns zum nächsten großen Bereich, den wir uns auch noch im Detail ansehen wollen.

Die Handlung. Nun, die Handlung an sich ist der offensichtliche Teilbereich einer Gewohnheit. Die ist wahrscheinlich auch der Grund, weshalb Sie diesen Ratgeber überhaupt lesen. Die Aktion, die in einer Gewohnheit abläuft, ist es, dass wir oft ändern wollen. Sie ist berechtigterweise der Mittelpunkt der ganzen Misere. Ohne sie würde alles keinen Sinn ergeben. Ohne Aktion wäre kein Auslöser vorhanden.

Und ohne Aktion würden wir auch keine Belohnung verdienen. Die drei Bereiche sind dicke Kumpels. Wenn der Auslöser der insgeheime Anführer der drei Kumpels ist, ist die Handlung der Kleber, der alles zusammenhält. Offensichtliche Handlungen passieren den ganzen Tag, egal, ob sie unbewusst oder bewusst ausgeführt werden.

Versuchen Sie es in den nächsten Tagen einmal mit einem kleinen Selbstexperiment. Schreiben Sie jede Aktion auf, von der Sie glauben, dass Sie durch eine Gewohnheit entsteht. Sie werden überrascht sein, wie viele Handlungen ganz gewöhnlich passieren. Sie werden außerdem bemerken, wie viele unserer Gewohnheiten einen absoluten Vorteil für uns darstellen.

Es ist leicht, sich auf die negativen Dinge zu fokussieren, denn diese sind in der Regel mit viel mehr Emotionen verbunden. Aber notieren Sie sich ruhig auch einmal die positiven kleinen Routinen. Unser System funktioniert richtig gut und der Wald sieht gleich weniger bedrohlich aus, wenn man sich die einzelnen Bäume genauer ansieht. Bei der Gelegenheit bietet es sich auch an, ein paar Gewohnheiten aufzulisten, von denen Sie gern Abstand nehmen würden. Es dürfen auch gern ein paar kleinere Gewohnheiten sein, die auch ein bisschen ungut sind. Dem Auflisten nähern wir uns dann in der 6-Schritte-Strategie. Denn, wie vorhin schon erwähnt, eine kleine Gewohnheit ändert sich schneller als eine große. Und ein bisschen Motivation kann in einem Änderungsprozess guttun. Wer schon erfolgreich eine kleine Tätigkeit verändert und zur Gewohnheit gemacht hat, blickt direkt vertrauensvoller in die eigene Gewohnheiten-Zukunft.

Zum Abschluss sehen wir uns noch einmal den letzten Akt an: den Show-Off, den letzten großen Knall, die Belohnung. Bei dem Wort Belohnung muss man oft an Hunde und ihre Tricks denken. Und wenn man den ganzen Gewohnheitsprozess so von Weitem betrachtet, ist er auch gar nicht so weit entfernt von dem Kommando „Pfote geben". Ein Hund bekommt von uns einen Impuls, den Auslöser.

Wir kündigen die Aktion an „Gib Pfote" und der Hund führt die Handlung durch. Im Anschluss gibt es eine Belohnung in Form eines Leckerlis, einer kurzen Spiele-Einheit oder einem Lob. Es ist sehr durchschaubar, es geht nur ums Leckerli. Aber auch wir führen Gewohnheiten eigentlich nur zum Zweck der Belohnung durch. Sie denken jetzt wahrscheinlich direkt an ein Glas Wein nach getaner Arbeit oder ein leckeres Essen nach einer großen Sporteinheit. Das ist auch richtig, aber hier handelt es sich nur um die ziemlich offensichtlichen Belohnungen. Wenngleich sie zugegebenermaßen oft passieren, ohne dass wir uns bewusst sind, dass es sich gerade um eine Belohnung handelt.

Worauf wir aber ebenfalls einen Blick werfen sollten, sind die kleinen unbewussten Belohnungen, die unseren Körper durchrauschen, wenn wir eine Gewohnheit ausüben. So wird mit unserem körpereigenen Belohnungssystem häufig ein sogenannter Neurotransmitter namens „Dopamin" produziert, auch er gehört zur Kategorie der Hormone. Dopamin ist weitreichend bekannt als das „Glückshormon", es hat aber eigentlich sehr viel mehr Funktionen in unserem Körper. Für unseren Fall wird es produziert, um uns anzuzeigen: „Du hast etwas gut gemacht".

So kann es in kleinen Mengen schon vorkommen, wenn wir nur ein kurzes Erfolgserlebnis verspüren, wie z. B., wenn wir eine Sache auf unserer To-do-Liste erledigen. Wenn unsere Eltern uns im Kindesalter beibringen, dass wir vor dem Essen die Hände waschen sollen, erhalten wir nach der Aktion ein „Gut gemacht" und Dopamin wird freigesetzt.

Unsere Basalganglien speichern das Verhalten unbewusst ab, wir wiederholen es, um wieder eine

Belohnung zu erhalten, es wird zur Routine. Und da haben wir sie: eine hausgemachte Gewohnheit. Die Belohnung ist es, worauf wir hinauswollen und im folgenden 6-Schritte-Programm werden wir uns diese Kenntnis zunutze machen, denn wir können gut mit ihr arbeiten. Die Belohnung wird ein guter Einflussfaktor sein, wie wir uns ein neues Verhalten aneignen können, ein altes Verhalten ersetzen oder wie wir durchhalten, bis wir es mit einer neuen eingefleischten Gewohnheit zu tun haben. Schnallen Sie sich also an und spitzen Sie noch einmal den Stift – im nächsten Kapital widmen wir uns der praktischen Umsetzung, eine Gewohnheit zu ändern.

Das 6-Schritte-Programm, um Gewohnheiten zu ändern

„STEP BY STEP" ZUR NEUEN GEWOHNHEIT

Im folgenden Kapitel haben wir für Sie einen 6-Schritte-Plan zusammengesetzt, der Ihnen helfen wird, Ihre Gewohnheiten zu analysieren und zu ändern. Am Ende dieses Kapitels finden Sie noch einmal eine kurze, knappe Zusammenfassung.

Es empfiehlt sich jedoch, in der Langversion

Notizen zu machen, denn „Wer schreibt, der bleibt". Etwas, das wir selbst niedergeschrieben haben, können wir uns einfach besser merken.

Schritt 1: Bewusstsein für eigenes Verhalten aufbauen

Im allerersten Schritt müssen Sie sich über Ihr aktuelles Verhalten bewusst werden. Das klingt leicht, kann aber durchaus knifflig sein. Denn wie wir wissen, laufen viele unserer Handlungen unbewusst ab, und wir haben zunächst einmal keine Möglichkeit, sie überhaupt zu bemerken.

Die offensichtlichen Gewohnheiten, die Sie gern ändern wollen, können Sie vorab notieren. Diese Gewohnheiten sind meistens die „großen" Jobs, die wir uns gern über den Jahreswechsel, zum Saisonstart oder in einem neuen Lebensjahr ändern wollen. In der Regel leicht zu identifizieren, aber nicht so leicht zu ändern. Aber wie Sie bereits gelernt haben, ist es auch wichtig, sich kleinere Ziele zu nehmen.

Und hier kommen unsere vielen kleinen Gewohnheiten ins Spiel. Wir brauchen Sie, um die großen Jobs auch erledigt zu bekommen. Die sogenannten „Mikro-Gewohnheiten" können uns ordentlich Momentum geben, wenn wir es schaffen, Sie im

Alltag zu ändern.

Aber um diese kleinen Mikro-Aktionen zu erkennen, müssen Sie es sich zur Aufgabe machen, generell achtsamer durch den Tag zu schreiten: Gefühle beobachten, sich beim Denken ertappen, Handlungen aktiv verfolgen, Gespräche und Unterhaltungen achtsam führen. Dies sind nur einige Beispiele der Achtsamkeit. Zum Achtsamkeitstraining für unbewusste Handlungen gibt es glücklicherweise ein paar relativ einfache Tricks. Es ähnelt grundsätzlich jedem anderen Muskeltraining und umso mehr wir üben, desto größer wird der Muskel, umso leichter wird es, unser eigenes Verhalten zu beobachten.

Zu Anfang kann ein kleiner Gegenstand, den wir in Sichtweite haben, helfen, auf unsere Mini-Gewohnheiten Licht zu scheinen. Nehmen Sie sich ein kleines Erinnerungsstück (z. B. ein Armband, einen Stein, einen Stift) und legen Sie es überall dorthin, wo Sie sich aufhalten. Wenn Sie von Anfang an mit dem Gegenstand assoziieren, dass Sie Ihr Verhalten beobachten wollen, bringt der Gegenstand Sie sofort ins Hier und Jetzt.

So haben Sie unzählige Male am Tag die

Möglichkeit, Ihre Handlungen, Gedanken oder Gefühle zu reflektieren. Notieren Sie jede noch so kleine Gewohnheit, die Sie durch das alltägliche Leben bringt. Ein weiterer Tipp, um Achtsamkeit zu üben, ist es, einfache Dinge, wie z. B. das Zähneputzen „umzukehren".

Putzen Sie eine Woche lang Ihre Zähne mit der anderen Hand und beobachten Sie, wie seltsam es sich anfühlt. Wenn Sie dann den ganzen Tag Handlungen ausführen, die dieses seltsame Gefühl nicht hervorrufen, wissen Sie, dass Sie in den meisten Fällen wie gewohnt gehandelt haben. Diese Übung hat einen hilfreichen Gegenpol-Effekt, um unser Bewusstsein im Lauf der Zeit zu sensibilisieren. Eine weitere Möglichkeit, achtsamer zu werden, ist es, bewusst zu atmen. Nehmen Sie sich ein paar Mal am Tag zwei Minuten Zeit, um sich nur auf Ihren Atem zu konzentrieren. Fokussieren Sie sich auf die Luftströme an Ihrer Nasenspitze und zählen Sie gern auch mit, wie oft Sie pro Minute atmen.

Aber das Atmen allein steht doch nicht im direkten Zusammenhang mit meinen Gewohnheiten, fragen Sie sich? Das stimmt. Aber: Wer einige Male am Tag bewusst atmet, lindert generell das eigene

Stress-Level. Und wer weniger Stress hat, hat mehr Zeit, sich auf das Wesentliche zu konzentrieren. Stellen Sie sich bewusstes Atmen wie Stoßlüften vor. Nach dem Lüften ist wieder Raum für neue Energie, neue Ideen, mehr Klarheit und etwas mehr Leichtigkeit. So wird es Ihnen auch leichter fallen, bewusster durch den Tag zu gehen.

Die gleiche Übung lässt sich mit dem Fokus auf unseren Herzschlag durchführen. Wenn Sie sich ein paar Mal am Tag auf Ihren Herzschlag oder den Brustkorb-Bereich konzentrieren, kommen Sie automatisch mehr in die Verbindung mit Ihrem eigenen Körper, folglich auch mit Ihren Empfindungen, Gefühlen, Sinnen. Wer sich dessen bewusst ist, ist schon einen großen Schritt weiter beim Üben, achtsam mit sich selbst zu sein. Ein weiterer Tipp für mehr Achtsamkeit ist es, weniger Multitasking zu betreiben. Wenn Sie mehrere Dinge auf einmal durchführen, ist es nur allzu normal, dass Sie zu 100 % ausgelastet sind. Dann bleibt selbstverständlich wenig Raum, sich auch noch über die Aktionen, die gerade stattfinden, bewusst zu werden. Also lieber eines nach dem anderen und schon haben wir mehr geistige Kapazitäten frei, unser eigener

Beobachter zu sein. Das Thema Achtsamkeit hat großes Potenzial. Und Sie können stolz sein auf jeden noch so kleinen Moment, indem Sie es geschafft haben, Ihr eigenes Verhalten zu bemerken. Denn das ist, wie so oft, der erste und schwierigste Schritt. Und mit diesem Schritt werden Sie Zugang zu einem viel größeren Thema erhalten. In unserem Fall: Zugang zu unseren Gewohnheiten. Womit wir auch schon beim zweiten Schritt angelangt sind.

Schritt 2: Alte Gewohnheiten und zugehörige Belohnung identifizieren

Durch unseren bahnbrechenden Schritt #1 haben Sie sich schon eingehend mit Ihrem alltäglichen Bewusstseinszustand auseinandergesetzt. Sie haben gelernt, sich selbst gegenüber achtsam zu sein, Ihr Verhalten zu beobachten, und Ihre Gefühle zu identifizieren. Nun wollen wir den nächsten sinnvollen Schritt gehen und all das, was Sie über sich selbst herausgefunden haben, ding- und nagelfest machen.

Sie haben vermutlich schon einige Gewohnheiten zu Papier gebracht, aber nun pflücken wir einen ganzen Tag auseinander. Machen Sie sich gern eine kleine Tabelle mit fünf Spalten. In die erste Spalte schreiben Sie als Überschrift „Gewohnheit", in die zweite „Priorität", in die dritte „Zeit", in die vierte „Belohnung" und in die fünfte „Auslöser/Trigger". Wenn Sie die Vorbereitung getroffen haben, gehen Sie ganz in Ruhe geistig einen regulären Tag durch. Vom ersten Wecker-Klingeln bis zum Wegdämmern in den Schlaf: Belichten Sie jeden möglichen Gewohnheiten-Moment einmal. Welche Gewohnheiten stören Sie, woran würden Sie gern arbeiten? Seien Sie hier bitte nicht zu penibel, denn dieses Blatt Papier ist nicht das letzte Blatt Papier der Welt. Sie können in 3 Monaten den ganzen Prozess von vorne starten, wenn Sie das Gefühl haben, dass Ihnen immer noch die eine oder andere Gewohnheit im Wege steht oder Sie schlicht und ergreifend süchtig geworden sind, Gewohnheiten zu ändern.

Tragen Sie also in die Liste all die Gewohnheiten ein, an denen Sie gern etwas feinjustieren wollen. Sie dürfen sich hier gern einen bunten Mix zusammenstellen; von großen und alten Gewohnheiten bis hin zu kleineren und neueren darf alles dabei sein. Wenn Sie die Gewohnheit in ihre Spalte eintragen, geben Sie ihr bitte auch direkt eine Priorität auf einer Skala von 1 bis 10, wobei 1 eher unwichtig ist und 10 am wichtigsten.

Spüren Sie einmal ehrlich in sich hinein und fragen Sie sich: „Wie wichtig ist es mir in meiner aktuellen Situation, die Gewohnheit XY zu ändern?" In die 3. Spalte tragen Sie dann bitte eine geschätzte Nummer für den Zeitaufwand ein, ebenfalls von 1 bis 10, wobei 1 die kürzeste Dauer ist und 10 die längste. Zur Erleichterung nehmen wir folgendes Beispiel: Die Gewohnheit „Erstes Getränk am Morgen nicht Kaffee" könnte im Zeitaufwand eine geschätzte 4 sein, die Gewohnheit „Nach der Arbeit nicht direkt aufs Sofa" eine 8. Es wird Ihnen leichtfallen, das erste Getränk am Morgen (Kaffee durch Wasser) zu ersetzen (Zeit „4"). Es könnte jedoch etwas länger dauern, bis es im Autopiloten abläuft und sich gefestigt hat, dass Sie sich nach der Arbeit nicht aufs Sofa legen, sondern eine Stunde spazieren gehen (Zeit „8").

Die Schätzung des Zeitaufwands ist subjektiv. Aber Sie verstehen die Idee. Wichtig ist, dass Sie hier ehrlich zu sich selbst sind. Seien Sie realistisch und legen Sie sich nicht selbst Steine in den Weg. Rechnen Sie mental lieber mit großzügigem Zeitaufwand als mit zu wenig. Wenn Sie nun all die Gewohnheiten aufgelistet haben, die Ihrer Meinung nach etwas Umstyling vertragen könnten, widmen wir uns den je zugehörigen Belohnungen.

Hier wird es etwas spannend, denn obwohl jede Gewohnheit mit Dopamin belohnt wird, gibt es auch einige Situationen, die wir zusätzlich noch mit einer externen Belohnung versehen. Wenn Sie beispielsweise nach der Arbeit direkt auf die Couch gehen, schüttet Ihr Belohnungszentrum direkt Dopamin aus und zugleich kann es sein, dass Sie sich selbst noch mit einem kühlen Getränk oder einem Snack belohnen nach „all der harten Arbeit". Hier ist es wichtig, dass Sie sich jede Belohnung aufschreiben, die Sie mit der Gewohnheit in Verbindung bringen. Außerdem sei auch noch bemerkt, dass unser Gehirn mit der Zeit lernt, Belohnung vorwegzunehmen. Es entsteht also oft schon das Verlangen nach einer Belohnung, bevor die Handlung überhaupt ausgeführt wurde.

Manchmal belohnen wir uns selbst, bevor wir in Aktion kommen. Auch das ist ein Belohnungsvorgang, der zur Gewohnheit gehört. So entsteht dann eine sogenannte Gewohnheitsschleife. Wenn Sie ein Belohnungs-Brainstorming machen, denken Sie an alles, wovon Sie glauben, dass es unserem Gehirn das Signal gibt: „Wir haben etwas gut gemacht".

Denn dann wird Dopamin ausgeschüttet und es erfolgt eine physische Belohnung über das Hormon. Diese kleine Übersicht wird Ihnen schon viel Aufschluss darüber geben, wie Sie sich selbst Dinge angewöhnen, welche Gewohnheiten Ihnen leichter fallen und welche vielleicht etwas schwerer. Ihr persönliches Belohnungssystem so genau zu analysieren, wird sich im übernächsten Schritt noch auszahlen, wenn es dann darum geht, die neuen Gewohnheiten zu integrieren. Aber zuerst beschäftigen wir uns noch mit der Thematik, die eigentlich der Beginn aller Dinge ist: Wir beleuchten im Schritt #3, welche Auslöser Ihr Organismus für die jeweilige Gewohnheit braucht, um ausgeführt zu werden. Wir suchen nach den offensichtlichen und auch nach den gut versteckten, heimlichen Triggern.

Schritt 3: Trigger erkennen, Auslöser finden
Trigger sind im psychologischen Sinne für eine Vielzahl an Verhaltensweisen verantwortlich. Hier können berechtigterweise einige Fragen aufkommen. Weshalb gibt es die Auslöser? Wofür sind Sie da? No Auslöser – no Problem, oder nicht? Wenn wir die Auslöser eliminieren, fällt dann nicht die ganze Gewohnheit automatisch weg? Die Trigger sind

eigentlich wie eine Brücke zu sehen.

Anstatt den ganzen Weg am Fluss entlangzulaufen, um Zugang zu der anderen Seite zu bekommen, kann auch direkt an Ort und Stelle eine Brücke gebaut werden. So sparen wir eine Menge Energie, die wir ansonsten benötigen würden, um herauszufinden, wie wir mit einer bestimmten Situation umgehen müssen, um eine Belohnung zu erhalten. Auslöser zu eliminieren, kann Sinn ergeben, wenn wir für eine Gewohnheit etliche Auslöser haben. So können wir die gefährlichen Situationen etwas eindämmen. Aber die Ursache ist damit in vielen Fällen nicht direkt behoben. Zudem lassen sich einige Auslöser nicht nachhaltig eliminieren. Wenn wir zum Beispiel aus Langweile essen, können wir uns sicherlich eine Zeit lang nonstop beschäftigen, aber irgendwann werden wir mit dem Gefühl der Langeweile wieder konfrontiert. Dann kann man schnell in gewohnte Muster zurückfallen.

Wir erinnern uns an unsere „Gang", ja? Unsere Basalganglien. Ach, könnten sie doch nur sprechen, dann würden sie uns sicher gleich erzählen, welche Informationen sie über unsere Gewohnheiten und deren Auslöser abgespeichert haben. Leider haben sie keinen Mund, aber wir dafür ein Gehirn! Deshalb denken Sie jetzt scharf nach: Welche Auslöser können Sie zu jeder einzelnen Gewohnheit in Ihrer Liste feststellen?

Wie im Kapitel über den Ablauf einer Gewohnheit erwähnt, sind Auslöser oft von bestimmten Dingen abhängig. Das können Emotionen sein, ein bestimmter Ort, eine Tageszeit, bestimmte Menschen oder auch Musik. Lassen Sie Ihren Geist hier komplett offen und denken Sie in alle möglichen Richtungen. In welchen Momenten setzt der Ablauf einer Ihrer Gewohnheiten ein? Und zu welchen Tageszeiten üben Sie sie in der Regel aus? Welche der aufgelisteten Punkte sind für Sie von Emotionen oder Gefühlen abhängig?

Es kann sein, dass eine Gewohnheit mehrere Trigger hat. Deshalb kann es vorkommen, dass „unbewusstes Snacken ohne Hunger" durch Stress ausgelöst wird, aber gleichzeitig auch durch Langeweile. Umgekehrt kann es genauso sein, dass ein Auslöser für verschiedene Gewohnheiten verantwortlich ist. So kann ein erhöhtes Stressaufkommen dazu führen, dass Sie a) das Verlangen haben etwas zu essen oder b) Sie die Schotten herunterlassen und unfreundlich werden – oder beides zusammen. Gewohnheiten sind komplex und noch komplexer sind die Auslöser, mit denen wir Tag für Tag, Stunde für Stunde konfrontiert werden. Manchmal kann schon der Anblick einer bestimmten Sache der Auslöser sein, eine Handlung in Gang zu bringen. Wenn wir aufhören wollen zu rauchen, kann allein der Anblick des Aschenbechers oder der Blick auf den Balkon Trigger genug sein, um unseren Basalganglien klarzumachen, dass nun eine gewohnte Handlung vonnöten ist. Seien Sie hier kreativ. So klein der Auslöser auch sein mag, die Wirkung, die er hat, ist letzten Endes die Gleiche. Dieses Beispiel zählt definitiv zu einem der heimlichen Auslöser. Denn, wer denkt denn schon bewusst jedes Mal beim Vorbeilaufen am Balkon an eine Zigarettenpause? Die Startschüsse für unsere ungewollten Aktionen zu enttarnen, ist ein Punkt, auf den wir besonders großen Wert legen sollten.

Schritt 4: Neue Gewohnheiten definieren

Wenn Sie sich vorstellen, dass Sie all die alten Gewohnheiten loswerden, ist es ratsam, in die Lücken, die entstehen, direkt neue Gewohnheiten einzufüllen. Aber um dies zu tun, müssen Sie für sich erst einmal neue Gewohnheiten definieren.

Sie können wie in Schritt #2 vorgehen und eine Liste erstellen, mit all den Aktionen, die sie künftig nach einem Auslöser tätigen wollen. Hier dürfen Sie sich wirklich austoben, aber auch hier gilt: Bleiben Sie realistisch. Nehmen Sie sich nicht zu viel vor für den Anfang. Eine kleine Sache kann zu Beginn auch schon reichen. Um Erfahrungen zu sammeln, noch einmal zu reflektieren und aufgetretene Probleme im Nachgang zu evaluieren. Neue, kleine Mikro-Gewohnheiten in unseren Alltag zu integrieren, kann uns guttun und erst einmal aus der Trägheit bringen.

Wir bauen Momentum auf und sind motivierter, auch größere Dinge anzugehen. Fangen Sie also lieber langsamer an und Sie werden Erfolge sehen und damit dann mit mehr Euphorie an weiteren Änderungen Ihrer Gewohnheiten bleiben. Gerade zu Beginn muss man sich selbst schon einmal ein bisschen austricksen. Definieren Sie auf jeden Fall auch die möglichen Auslöser für die neuen Handlungen auf Ihrer Liste. Verwenden Sie beim Formulieren neuer Gewohnheiten gern wieder die alten Auslöser, denn diese werden Ihrem Gehirn immer einen Impuls geben.

Wenn Sie beispielsweise in der Vergangenheit jeden Morgen nach dem ersten Kaffee zunächst 30 Minuten die Nachrichten gelesen haben und Sie dies nun nicht mehr tun möchten, ersetzen Sie die Nachrichten mit einem guten Buch oder einer Meditation. Der Kaffee wird dann weiterhin als Trigger agieren, aber er steht im Laufe der Zeit dann für eine andere Handlung. Im Optimal-Fall denken Sie dann beim Implementierungsprozess direkt an die Alt-Neu-Auslöser-Strategie und können dann direkt reagieren. So sind Sie bestens vorbereitet. Wichtig für diesen Schritt ist auch, dass Sie sich hier wieder eine neue Belohnungsstrategie überlegen. Mit welcher Belohnung möchten Sie in Zukunft eine neue Gewohnheit stärken? Vergessen Sie hier nicht unser gutes altes Dopamin, das ohnehin ausgeschüttet wird. Aber es kann – vor allen Dingen bei größeren Aufgaben – motivierend sein, einen externen Faktor als Belohnung einzubauen. Es empfiehlt sich, ganz neu in die Trickkiste zu greifen.

Denn wie wir wissen, kann eine Belohnung auch schon einmal als Gewohnheit enden. Angenommen, Sie belohnen sich zu Anfang damit, eine halbe Stunde Pause auf der Couch zu machen, so kann die Couch dann im weiteren Verlauf auch schnell zur Gewohnheit werden. Ihr Gehirn verbindet mit der Couch Dopamin, also möchte es automatisch mehr auf der Couch sitzen. Versuchen Sie eine Belohnung wie „Ich gehe an die frische Luft und nehme 10 tiefe Atemzüge" oder nach einer anstrengenden Sporteinheit: „Ich gönne mir ein Ganz-Körper-Stretching".

Auch für diese Belohnungen wird Dopamin freigesetzt, es spricht also nichts dagegen, von den klassischen Mustern abzuweichen. Alles, was Sie neu lernen und ständig wiederholen, wird zur Routine und Gewohnheit. Seien Sie also sorgsam mit Ihrer Wahl und lassen Sie Ihrer Kreativität freien Lauf. Alles, was Sie bewusst definieren, wird sich möglicherweise in Zukunft in Ihr Leben eingliedern. Und wenn Sie immer im Hinterkopf haben, dass Ihr Gehirn grundsätzlich mehr und mehr Dopamin möchte, sind Sie auf der sicheren Seite beim Gestalten Ihrer neuen Gewohnheiten.

Schritt 5: Alte Gewohnheiten durch neue ersetzten

Nun kommen wir zum interessantesten Schritt aller Schritte. #5 – wir implementieren. Es geht ans Eingemachte. Sie werden sehen, wie sich die ganze

Vorarbeit auszahlt. Seien Sie in diesem Schritt besonders nachsichtig mit sich selbst. Denn hier wird Ihnen oft bewusst werden, woher das geflügelte Wort „Die Macht der Gewohnheit" eigentlich kommt.

Obwohl wir einen sorgfältigen Plan zur Umstrukturierung Ihrer Gewohnheiten erstellt haben, wird es Ihnen die Macht so schwer wie möglich machen wollen. Aber da ja noch kein Meister je vom Himmel gefallen ist, können wir uns auch in diesem Schritt die notwendige Zeit lassen. Vergleichen Sie beide Ihrer Listen – die alte und die neue Gewohnheit – und sehen Sie nach, wo sich die gleichen Auslöser befinden. Denn das ist der Einstiegspunkt in Ihre neue Gewohnheit.

Haben Sie in der Vergangenheit üblicherweise morgens als allererstes Kaffee getrunken, wird es jetzt zum Beispiel zuerst ein Glas Wasser sein. Wenn bei Ihnen also die Tageszeit oder die Vorbereitungszeit auf die Arbeit der Auslöser war, können Sie es sich hier leichter machen, indem Sie am Vorabend schon ein Glas Wasser vor die Kaffeemaschine stellen. Gerade in der Anfangsphase ist es hilfreich, einige Vorkehrungen zu treffen, um bei dem Auslöser auf ein kleines „Hindernis" zu stoßen, dass Sie einen kurzen Moment innehalten lässt.

Dieser kurze Moment kann ausschlaggebend sein, eine neue Entscheidung im richtigen Moment zu treffen und somit die neue Gewohnheit mit dem Auslöser zu verknüpfen. Tendierten Sie in der Vergangenheit in stressigen Situationen zur Snack-Schublade, können Sie sich in der Vorkehrung eine Packung Kaugummis griffbereit legen – mit einem kleinen Smiley-Post-it auf der Verpackung. So könnten Sie sich dann auch daran erinnern, zu lächeln und freundlich zu bleiben, obwohl ein stressiger Moment bevorsteht. Bereiten Sie so viele Dinge vor, wie Ihnen möglich sind, damit Sie sich den Einstieg in eine neue Gewohnheit so leicht wie möglich machen. Geben Sie Ihrem Gehirn neues Futter, damit es sich umstrukturieren kann und Gewohnheiten in Ihrem Sinne aufbaut.

Schritt 6: Wiederholen, Wiederholen, Wiederholen.

In diesem Schritt wird Ihr Durchhaltevermögen auf die Probe gestellt. Das ist der Schritt, der darüber entscheidet, ob Sie tatsächlich eine neue Gewohnheit etablieren oder ob es sich um einen Geistesblitz gehandelt hat. In diesem letzten Step unseres 6-

Stufen-Systems ziehen Sie am besten geistig Ihre Marathon-Schuhe an. Eine neue Gewohnheit in unser Leben einzufügen, ist zu Anfang etwas leichter, da wir motiviert sind und auch experimentierfreudig.

Auf lange Sicht kann es aber etwas ruckeln, deshalb ist es wichtig, dass Sie Ihr eigenes Momentum so gut nutzen, wie Sie können. Wir hatten zu Beginn schon einmal über die Dauer des Prozesses eine Gewohnheit zu ändern gesprochen. 66 Tage im Durchschnitt. Wenn Sie nun auf Ihre Liste mit Gewohnheiten blicken und in die Spalte der Dauer sehen, werden Sie auf einen Blick erkennen, bei welchen Punkten ein etwas längerer Atem notwendig ist. Einen guten Maßstab für die Änderung einer kleinen Gewohnheit hat die US-Psychologin Dawna Markova herausgefunden.

Sie testete, wie lange Menschen brauchen, um sich daran zu gewöhnen, dass sie bei verschränkten Fingern den unüblichen Daumen oben aufliegen haben. Es stellte sich heraus, dass Menschen allein rund zwei Wochen brauchen, um sich an eine solch simple Haltung neu zu gewöhnen. Wenn Sie nun also eine alte, jahrelang täglich durchgeführte

Gewohnheit loswerden wollen, geben Sie sich hier genug Zeit und bleiben Sie sanft mit sich selbst. Wie der Titel dieses Schrittes schon sagt, zählt in dem letzten Schritt vor allen Dingen eines: Wiederholung. Unser Gewohnheits-Gehirn lebt von Wiederholungen. Je öfter wir eine Tätigkeit durchführen, umso leichter fällt sie uns, denn Sie geht über in den automatischen Ablauf. Zu Anfang wird es Ihnen ungewöhnlich erscheinen, es fühlt sich vermutlich an wie die Zahnbürste in der anderen Hand. Je öfter Sie aber eine Handlung durchführen, desto mehr Muskelerinnerung bauen Sie auf. Ihr Körper und Geist werden sich allmählich an den neuen Prozess gewöhnen, mit jedem Mal ein bisschen mehr. Bleiben Sie am Ball. Nehmen Sie sich täglich ein paar Minuten Zeit, um bewusst neue Gewohnheiten zu üben.

So geben Sie Ihrem Körper das Signal, dass er sich die Abfolge merken soll. Es ist ein bisschen wie schreiben oder lesen zu lernen. Erinnern Sie sich noch, wie schwer es am Anfang ging? Wie viel Überwindung und Aktivität hat es gekostet, einen Text zu lesen? Jetzt lesen Sie dieses Buch, ohne darüber nachzudenken, und so werden Sie auch mit Ihren neuen Gewohnheiten vorgehen und mit der Zeit feststellen, dass es sich immer weniger ungewohnt anfühlt. Einige Schritte werden bald eventuell schon komplett automatisch gehen, ohne dass Sie noch selbst darüber nachdenken müssen. Und eines Tages, Sie werden sehen, werden Sie nicht mehr den Auslöser realisieren. Es wird alles wie von selbst gehen und vermutlich sind Sie sich dann schon gar keiner Handlung mehr bewusst. Dann haben Sie erfolgreich eine neue Gewohnheit in Ihr Leben integriert! Und darauf können Sie unglaublich stolz sein. Feiern Sie sich selbst, Sie haben es verdient.

WAS TUN BEI RÜCKSCHLÄGEN? LIFEHACKS!

Rückschläge. Sie gehören einfach dazu wie Salz zu Pfeffer. Am besten lösen Sie sich direkt von dem Gedanken, dass Ihre neue Gewohnheit einfach so in Ihr Leben fließt, ohne dass Ihnen nicht auch einmal ein Ausrutscher passiert. Es lässt sich auch generell zum Veränderungsprozess in unserem Leben einiges sagen. Denn wir sind Gewohnheitstiere, das ist mittlerweile kein Geheimnis mehr.

Selbstverständlich werden sich unser Körper und Geist nicht wehrlos einfach an die neue

Situation anpassen. Im Veränderungsprozess kommt nach der anfänglichen Euphorie und Motivation immer der gleiche Schritt. Wir fangen an zu zweifeln: „Tue ich hier überhaupt das Richtige?", „Wie wichtig ist mir diese Routine überhaupt?", „War meine alte Gewohnheit wirklich so schlimm?", oder einer der Favoriten: „Bisher hat sie mich ja auch durchs Leben gebracht, wieso also plötzlich alles ändern?" Und unser Gehirn macht da einen guten Punkt, die Maschine läuft schließlich.

Aber lassen Sie sich nicht aus dem Konzept bringen, denn es könnte sicherlich auch noch besser gehen. Leider können wir unser Unterbewusstsein nicht durch positiven Zuspruch überzeugen, es auszuprobieren. Deshalb wird es auch immer wieder versuchen, uns zum alten Muster zurückzuführen. Wenn Sie sich selbst in diesem Prozess sehen, können Sie sich wirklich selbst loben. Denn dann wissen Sie ganz genau, dass Sie auf dem richtigen Weg sind.

Wenn Sie den Schritt erreicht haben, in dem Sie zweifeln oder Ihre Entscheidungen infrage stellen, sind Sie im nächsten Schritt des Änderungsprozesses angelangt und das ist auch schon der letzte Schritt, bevor wir die neue Situation akzeptieren. Sie laufen auf dem richtigen Pfad, also lassen Sie sich nicht von Ihren eigenen Gedanken entmutigen.

Die wichtigere Frage zum Thema Rückschläge wäre: Wie gehen Sie damit um? Machen Sie sich selbst gedanklich Vorwürfe? Geben Sie sich selbst eine harte Zeit, wenn etwas einmal nicht so läuft, wie Sie dachten? Zumeist ist es nicht ein kleiner Ausrutscher, der ein Vorhaben brach. Meistens sind wir selbst die Täter, die so lange an unserem Inneren herumnörgeln, bis es schließlich kapituliert und lieber wieder ins alte Muster zurückfällt. Seien Sie sich selbst gegenüber wieder extra achtsam, wenn Sie einmal einen Tag lang Schwierigkeiten haben, alte Gewohnheiten loszulassen.

Welche Gedanken kommen auf? Wie bewerten Sie sich selbst? Seien Sie Ihr eigener persönlicher Beobachter. Wenn Sie in eine Gedankenspirale gehen, machen Sie kurz Pause. Konzentrieren Sie sich ein paar Atemzüge lang auf Ihren Herzschlag. Unterbrechen Sie die Gedanken-Abwärtsspirale und bleiben Sie freundlich zu sich selbst. Die Erfahrung hat gezeigt, dass es nicht ausschlaggebend ist, ob Sie einen Tag lang aussetzen und alte Gewohnheiten wieder Überhand nehmen. Kompliziert wird es erst dann, wenn Sie sich selbst demotivieren und einen weiteren Tag dranhängen. Und noch einen. Und plötzlich wird daraus eine ganze Woche. Bleiben Sie im Einklang mit sich selbst und fokussieren Sie sich besser auf all die Tage, die Sie schon hervorragendes geleistet haben. Konzentrieren Sie sich auf Ihre kleinen Erfolge und nicht auf die Misserfolge. Geben Sie sich selbst einen kleinen Dopamin-Hit, indem Sie sich selbst feiern, für all das, was Sie schon erreicht haben. Lassen Sie die kleinen Rückschläge schnell wieder los, wenn sie nicht weiter wichtig waren. Sehen Sie nach vorne, niemand wird einen kleinen Ausrutscher so ernst nehmen, wie Sie selbst. Seien Sie Ihr eigener Team-Partner, nicht Ihr Konkurrent. Wie schon erwähnt, wirkt es sich positiv aus, wenn Sie sich selbst feiern können. Reflektieren Sie abends im Bett einmal: Wie oft haben Sie heute, gestern, letzte Woche schon an Ihrer neuen Gewohnheit geübt? Wie viele Male ist es Ihnen schon gelungen, die Gewohnheit durchzuführen, ohne dass Sie komplett aktiv bei der Sache waren? Geben Sie sich selbst gedanklich ein High-Five! Sie machen das doch wunderbar.

In seltenen Fällen können Rückschläge auch ein

guter Indikator sein, den wir uns genauer ansehen sollten. Wenn Sie immer und immer wieder an der gleichen Gewohnheit scheitern, obwohl Sie all die oben genannten Dinge in Betracht gezogen haben, müssen Sie einen Schritt zurückdenken. Was ist die wahre Motivation hinter der Änderung einer Ihrer Gewohnheiten? Sind Sie mit vollem Herzen dabei oder ist es etwas anderes, dass Sie eigentlich wirklich wollen? Manchmal tarnen sich kleine Wünsche zur Änderung unseres Verhaltens durch andere Gewohnheiten. Hören Sie tief in sich hinein, wenn Sie immer am gleichen Punkt einen Schritt zurückfallen. Wollen Sie diese alte Gewohnheit wirklich loslassen? Und wenn ja, warum? Was haben Sie für einen Vorteil durch das Loslassen dieser Gewohnheit? Steht der Vorteil im Einklang mit Ihrem Herzen? Wenn Sie die Erkenntnis haben, dass Sie eigentlich etwas komplett anderes möchten, dann ist das überhaupt kein Problem. Starten Sie einfach neu. Viele Wege führen nach Rom und manchmal kann uns das Ausschlussverfahren dabei helfen, dass wir uns bewusst darüber werden, was wir wirklich wollen und dass wir die richtigen Dinge dann in unserem Alltag umsetzen. Es fühlt sich vielleicht wie ein Rückschritt an.

Aber eigentlich ist es ein Schritt nach vorne, denn Sie kommen Ihrem Ziel mit jeder Erkenntnis und mit jedem Ausschluss ein Stückchen näher.

Wie anfangs auch schon einmal erwähnt, kann es zu Beginn ebenfalls helfen, Auslöser galant zu umgehen. Machen Sie sich das Leben nicht schwerer, als es sein muss. Sie dürfen, gerade am Anfang, auch etwas mogeln. Geben Sie sich selbst ruhig die Erlaubnis, die Dinge so einfach wie möglich zu haben. Wenn es Ihnen zu Beginn leichter fällt, Süßigkeiten wegzusperren, dann tun Sie das. Sie werden das sicher nicht Ihr ganzes Leben lang aufrechterhalten können.

Aber bis zu dem Zeitpunkt, an dem es Ihnen nicht mehr schwerfällt, Süßigkeiten zu sehen, gehen Sie gern den einfacheren Weg. Die Gewohnheits-Polizei wird nicht vorbeikommen und Sie dafür rügen, dass Sie es sich leichter machen wollen. Aber Vorsicht: Ruhen Sie sich nicht für immer auf Ihren Lorbeeren aus und erhöhen Sie mit dem Lauf der Zeit den Schwierigkeitsgrad etwas. Damit stellen Sie sicher, dass die neue Gewohnheit auch in einem realistischen Umfeld umsetzbar ist. Wenn Sie, aus Angst vorm Süßigkeiten-Regal zu eskalieren, anfangs immer Ihren Partner einkaufen schicken, gehen Sie nach ein paar Mal wieder mit. Bleiben Sie im Bewusstsein und steigern Sie das Level langsam. Ihr Partner wird es Ihnen auch danken, wenn er nicht mehr allein einkaufen gehen muss.

Und beim Stichwort Partner sind wir auch schon beim nächsten Trick angelangt, der Ihnen helfen kann, Gewohnheiten zu ändern. Erzählen Sie Ihren Mitmenschen davon. Informieren Sie Ihre Mitbewohner, Freunde und auch Arbeitskollegen. Lassen Sie sich ein bisschen helfen. Unser Umfeld hat oft einen objektiveren Blick auf die Dinge und auf unser Verhalten. Gerade, wenn man sich anfangs nicht so bewusst darüber ist, wann man eine bestimmte Gewohnheit ausführt, können andere uns einen kleinen Hinweis geben. Wenn Sie die Angewohnheit haben, sich permanent zu räuspern und Sie möchten diese gern loswerden, kann Ihr Mitbewohner hilfreich sein.

Sie könnten ihn einfach bitten, jedes Mal, wenn Sie sich räuspern, „jetzt" zu sagen. Das wird definitiv die Aufmerksamkeit auf die kleine Gewohnheit lenken. Unseren Plan Mitmenschen mitzuteilen, kann außerdem helfen, uns bei Laune zu halten. Wer Sie gut kennt, weiß ganz genau, wie er Sie motivieren und unterstützen kann. Und Sie fühlen sich noch ein bisschen verantwortlicher, wenn Sie damit rechnen können, dass Ihr Umfeld Sie fragen wird, wie der Änderungsprozess läuft. Wer weiß? Vielleicht werden Sie sogar zum Vorbild und können auch andere Leute motivieren, Ihre eigenen Gewohnheiten zu überdenken und das eine oder andere zu ändern? Das wäre doch noch eine extra Portion Motivation. Die Möglichkeiten sind bekanntlich unbegrenzt.

ZUSAMMENFASSUNG

Für das leichtere Verständnis fassen wir noch einmal alle sechs Schritte zusammen:

Schritt #1: Bauen Sie ein Bewusstsein für eigenes Verhalten auf. Üben Sie sich in Achtsamkeit Ihrem eigenen Verhalten, Ihren Emotionen, Gefühlen und Handlungen gegenüber. Notieren Sie sich Ihre Erkenntnisse und geben Sie acht auf kleine Gewohnheiten, von denen Sie noch nicht einmal wussten, dass Sie sie überhaupt haben. Probieren Sie es mit einem kleinen Erinnerungs-Gegenstand, der Sie immer wieder zurückholt ins Hier und Jetzt. So können Sie sich besser auf Ihr Inneres fokussieren. Nehmen

Sie sich tagsüber bewusst Zeit, um sich auf Ihren Atem oder Herzschlag zu konzentrieren und ein bisschen mehr im „Moment" zu leben. Schaffen Sie sich im Schritt Eins die Grundlage, mit der Sie in den weiteren Schritten Ihre Gewohnheiten identifizieren und ersetzen können.

Schritt #2: Identifizieren Sie alte Gewohnheiten und ihre zugehörigen Belohnungen. Lassen Sie Ihr neues Talent zur Selbstbeobachtung zum Einsatz kommen. Erstellen Sie sich eine Tabelle mit fünf Spalten für „Gewohnheit", „Belohnung", „Priorität", „Dauer" und „Auslöser". Hören Sie genau in sich hinein, während Sie die Tabelle ausfüllen. Welche Gewohnheiten möchten Sie akut gern ändern? Wie belohnen Sie sich bisher für eine ausgeübte Gewohnheit? Dopamin nicht vergessen! Welche Prioritäten hat es für Sie, die jeweilige Gewohnheit aufzugeben? Wie lange, schätzen Sie, wird es dauern, diese zu ändern? Diese Tabelle wird Ihr Wegweiser zum Loslassen alter Gewohnheiten.

Schritt #3: Trigger und Auslöser erkennen und dokumentieren. In diesem Schritt kümmern wir uns um die fünfte Spalte in Ihrem Dokument. Schreiben Sie jeden Auslöser auf, den Sie der jeweiligen

Gewohnheit zuordnen können. Führen Sie sich als kleinen Guide die folgenden Bereiche zum Erkennen von Auslösern vor Augen: Ort, Zeit, Gefühle, Emotionen, Personen, Musik, bestimme Geräusche oder auch Sinne im Allgemeinen. All diese Bereiche können nen Auslöser für eine Gewohnheit sein. Sehen Sie genau hin und vielleicht können Sie sogar eine leichte Tendenz zu einem der genannten Bereiche erkennen.

Schritt #4: Neue Gewohnheiten definieren. In diesem Schritt dürfen Sie sich austoben. Seien Sie mutig! Welche neue Gewohnheit würde Ihnen im Alltag helfen? Was wollten Sie schon lange automatisch tun, ohne auf lange Sicht großen Aufwand dafür zu betreiben? Welche Bereiche in Ihrem Leben benötigen akut Aufmerksamkeit und Änderung? Und ganz wichtig: Mit welcher kleinen neuen Gewohnheit können Sie beginnen, um Selbstvertrauen und Motivation für größere Kaliber zu erfahren? Starten Sie mit einer Mikro-Gewohnheit, um Momentum zu bekommen. Nehmen Sie die Auslöser aus Ihrer ersten Liste und implementieren Sie sie in die Erstellung Ihrer neuen Gewohnheit. Wie möchten Sie sich in Zukunft belohnen? Seien Sie hier sorgsam bei der

Auswahl, denn wenn Sie alles richtig machen, wird diese Belohnung Ihnen bleiben und Ihr Körper wird mehr davon wollen.

Schritt #5: Einführung der neuen Gewohnheit, loslassen der alten. Treffen Sie für diesen Schritt so viele Vorkehrungen wie möglich. Machen Sie sich selbst das Leben so leicht wie möglich, um sich an Ihre neuen Handlungen zu gewöhnen. Gehen Sie nicht zu hart mit sich selbst ins Gericht, Fehler gehören dazu. Fokussieren Sie sich so gut wie möglich auf Ihre Auslöser. Wenn Sie den Auslöser bemerken, haben Sie richtig gute Karten, die neue Gewohnheit bewusst durchzuführen. In diesem Step ist es wichtig, dass Sie sich selbst einen Schritt voraus sind. Womit können Sie sich selbst austricksen? Welche visuellen Hilfsmittel brauchen Sie, um sich selbst an eine neue Gewohnheit zu erinnern? Lassen Sie sich nicht irritieren, wenn sich die neue Gewohnheit im Alltag seltsam anfühlt, denn das ist ganz normal. Sie sind schon so weit gekommen. Es fehlt nur noch der letzte Schritt.

Schritt #6: Wiederholung! Wiederholung ist das A und O. Sie brauchen die Erinnerung an einen bestimmten Ablauf (muskulär und mental), um einen

Automatismus zu erschaffen. Nehmen Sie sich jeden Tag bewusst ein paar Minuten Zeit, um Ihre neue Gewohnheit inklusive Auslöser und Belohnung zu proben. Je öfter Sie dies tun, umso leichter wird es Ihnen fallen, dass Ihre neue Gewohnheit in Fleisch und Blut übergeht. Wenn Sie genügend Wiederholungen einer Handlung durchgeführt haben, wird sie irgendwann im Autopiloten durchgeführt und dann wird sie zur Routine. Das ist das Endziel und bis dahin tun Sie einfach immer das Gleiche. Auch wenn es anfängt, Sie zu langweilen, bleiben Sie dabei. Stupide, wieder und wieder. Und wenn Sie es bis hierhin geschafft haben und immer noch dabei sind, dann bleibt nur noch eines zu sagen: Herzlichen Glückwunsch, Sie haben eine alte Gewohnheit in eine neue Gewohnheit verändert!

Reflexion und Alltag mit einer neuen Gewohnheit

Zum Abschluss beschäftigen wir uns noch mit Ihrem neuen Alltag. Denn, wenn Sie nun eine neue Gewohnheit erfolgreich in Ihr Leben integriert haben, kann sich so einiges geändert haben. Auch hier ist es ratsam, immer in einer reflektierenden Stimmung zu bleiben.

Wie fühlt es sich nun an, da Sie Ihre neue Gewohnheit umgesetzt haben? Sind Sie zufrieden mit

dem Ergebnis und wie lange hat es letzten Endes ge-
dauert? Fühlen Sie sich einmal in dieses neue Gefühl
mit der neuen Gewohnheit hinein. Bemerken Sie,
wie zufrieden Sie die Tatsache macht, dass Sie es geschafft haben, etwas zu verändern, von dem Sie
schon lange geträumt haben. All diese Informationen und positiven Assoziationen können Ihnen sehr
hilfreich sein, wenn Sie das ganze Thema noch einmal angehen und vielleicht eine andere alte Gewohnheit durch eine neue ersetzen wollen.

Sie sind jetzt schon fortgeschritten im Gewohn-
heiten-Ändern. Lernen Sie von sich selbst und Ihren
Erfahrungen. Was waren Hindernisse, mit denen Sie
nicht gerechnet hatten? Was lief besser als erwartet?
Wobei haben Sie sich leicht getan und was hat Sie
überrascht? Gibt es etwas, dass Sie beim nächsten
Mal anders machen würden? Wie hat eigentlich Ihr
Umfeld auf die Veränderung reagiert?

Diese neuen Erkenntnisse können vor allen Dingen dann notwendig sein, wenn Sie sich an die ganz
großen Veränderungen herantrauen wollen. Notieren Sie sich all die kleinen Dinge, die Sie nun besser
wissen als vorher. Sie haben ein altes, festgefahrenes
Muster durchbrochen, von dem Sie vielleicht noch

nicht einmal wussten, dass es existiert, und es wäre doch schade, wenn Sie alles wieder vergessen.

Den ganzen Prozess, den Sie in letzter Zeit durchlaufen haben, kann Ihnen keiner mehr nehmen. Und Sie dürfen, nein, Sie sollen es sich sogar zunutze machen. Sie haben sich selbst und Ihre Gewohnheiten besser kennengelernt und es geschafft, Ihr Leben ein Stückchen zum Besseren zu verändern. Sie haben es verdient, sich selbst mit etwas anderen Augen zu sehen und zu realisieren, dass Sie aus Ihren eigenen Schuhen gewachsen sind.

Belohnen Sie sich für diesen großen Erfolg. Und geben Sie mal acht, ob es sich vielleicht lohnen würde, das Gewohnheiten-Ändern zur Gewohnheit zu machen.

Herstellung und Verlag:
BoD – Books on Demand, Norderstedt
ISBN: 9783753442297

FSC
www.fsc.org

MIX

Papier aus ver-
antwortungsvollen
Quellen

Paper from
responsible sources

FSC® C105338